TELL PRISONERS I PRAY *for* THEM

MEDITATIONS IN ENGLISH AND SPANISH
MEDITACIONES EN INGLÉS Y ESPAÑOL

POPE FRANCIS

Paulist Press
New York / Mahwah, NJ

Portions of this book originally appeared in *Dite ai detenuti che prego per loro* © 2015 by Libreria Editrice Vaticana.

Cover and book design by Lynn Else

Library of Congress Control Number: 2017958974

ISBN 978-0-8091-5346-6 (paperback)

Published by Paulist Press in 2017
997 Macarthur Boulevard
Mahwah, New Jersey 07430

www.paulistpress.com

Printed and bound in the
United States of America

CONTENTS

Introduction 1

Lucas 24:39–43 2

Luke 24:39–43 3

Mira a Jesús: ¡él es nuestra fuerza! 4

Look to Jesus: He Is Our Strength! 5

El Señor no está fuera de la célula 6

The Lord Is Not outside the Cell 7

Jesús es nuestro Maestro 8

Jesus Is Our Teacher 9

El seguimiento de Jesús entre rejas 10

Following Jesus behind Prison Walls 11

La capacidad de dejarnos mirar por Dios que nos ama 12

To Allow Ourselves to Be Looked at by God, Who Loves Us 13

Todos cometemos errores en la vida 14

All of Us Make Mistakes in Life 15

Yo estoy en la memoria de Dios 16

I Am in God's Memory 17

Esperanza 18

Hope 19

Jesús nos ama... 20

Jesus Loves Us 21

Oración 22

Prayer 23

Nada podrá jamás separarnos del amor de Dios, ¡ni siquiera
   las barras de una cárcel! 24

Nothing Can Ever Separate Us from God's Love,
   Not Even Prison Bars! 25

Pero Jesús es un empecinado.................................... 26

Jesus Is Stubborn 27

Y llevar nuestras llagas a las llagas de Jesús 28

And so We Bring Our Wounds to Jesus 29

No permita que el diablo jugar contigo 30

Don't Let the Devil Play with You 31

De seguir luchando contra la corrupción.................. 32

Fight against Corruption 33

Vivir es caminar... 34

Life Is a Journey... 35

Papa Francisco es tu hermano 36

Pope Francis Is Your Brother 37

INTRODUCTION

Pope Francis has a special place in his heart for men and women in prison. He was a frequent visitor to prisoners when he lived in Argentina, a practice he continues as pope. He continues to make phone calls to people imprisoned in Argentina, and he finds time to read and reply to letters written to him from prisoners all over the world. Wherever he travels, Pope Francis makes sure to visit people in prison. After his visits, Pope Francis thinks, "Why is he there and I am not, seeing that we share the same weaknesses? This is a mystery that makes me pray and makes me draw close to inmates." This is a little book of the thoughts Pope Francis has shared with women and men in prison, and that he wants to share with you, so that you may have hope and courage. Pope Francis prays for you and for your family every night and he asks you to pray for him.

LUCAS 24:39–43

Uno de los malhechores crucificados insultaba a Jesús, diciéndole: "Si tú eres el Mesías, sálvate a ti mismo y a nosotros". Pero el otro le reclamaba, indignado: "¿Ni siquiera temes tú a Dios estando en el mismo suplicio? Nosotros justamente recibimos el pago de lo que hicimos. Pero éste ningún mal ha hecho". Y le decía a Jesús: "Señor, cuando llegues a tu Reino, acuérdate de mí". Jesús le respondió: "Yo te aseguro que hoy estarás conmigo en el paraíso".

LUKE 24:39–43

One of the criminals who were hanged there kept deriding him and saying, "Are you not the Messiah? Save yourself and us!" But the other rebuked him, saying, "Do you not fear God, since you are under the same sentence of condemnation? And we indeed have been condemned justly, for we are getting what we deserve for our deeds, but this man has done nothing wrong." Then he said, "Jesus, remember me when you come into your kingdom." He replied, "Truly I tell you, today you will be with me in Paradise."

MIRA A JESÚS: ¡ÉL ES NUESTRA FUERZA!

No tengo mucho más para darles u ofrecerles, pero lo que tengo y lo que amo, sí quiero dárselo, sí quiero compartirlo: es Jesús, Jesucristo, la misericordia del Padre. Él vino a mostrarnos, a hacer visible el amor que Dios tiene por nosotros. Por vos, por vos, por vos, por mí. Un amor activo, real. Un amor que tomó en serio la realidad de los suyos. Un amor que sana, perdona, levanta, cura. Un amor que se acerca y devuelve dignidad. Una dignidad que la podemos perder de muchas maneras y formas. Pero Jesús es un empecinado de esto: dio su vida por esto, para devolvernos la identidad perdida, para revestirnos con toda su fuerza de dignidad.

LOOK TO JESUS: HE IS OUR STRENGTH!

I don't have much more to give you or to offer you, but I want to share with you what I do have and what I love. It is Jesus Christ, the mercy of the Father. Jesus came to show the love that God has for us. For you, for each of you, and for me. It is a love that is powerful and real. It is a love that takes seriously the plight of those he loves. It is a love that heals, forgives, raises up, and shows concern. It is a love that draws near and restores dignity. We can lose this dignity in so many ways. But Jesus is stubborn: he gave his very life in order to restore the identity we had lost, to clothe us with the power of his dignity.

EL SEÑOR NO ESTÁ
FUERA DE LA CÉLULA

Estoy orando por ti, te tengo en el corazón, estoy orando al Señor y a la Virgen que puede ser capaz de obtener a través de este período difícil en su vida de una manera positiva, para que no se desalienten o cerca de en sí mismos. El Señor no se queda fuera, no se queda fuera de sus celdas, no se queda fuera de las cárceles, sino que está dentro, está allí. Podéis decir esto: el Señor está dentro con ellos; también él es un encarcelado. Ninguna celda está tan aislada como para excluir al Señor, ninguna; él está allí, llora con ellos, trabaja con ellos, espera con ellos; su amor paterno y materno llega por todas partes. Ruego para que cada uno abra el corazón a este amor.

THE LORD IS NOT OUTSIDE THE CELL

I am praying for you; you are in my heart. I am praying to the Lord and to Our Lady that you may be able to get through this difficult period in your lives in a positive way, that you may not become discouraged. The Lord does not remain outside, he does not remain outside your cells, he does not remain outside the prison; rather, he is inside, he is there. The Lord is inside with you; the Lord is a prisoner; even today, he is imprisoned by our selfishness, by our systems, by so many injustices, for it is easy to punish the weakest while the big fish swim freely in the sea. No cell is so isolated that it is shut to the Lord, none. He is there, he weeps with you, he works with you, he hopes with you, his paternal and maternal love reaches everywhere. I pray that you open your heart to this love.

JESÚS ES NUESTRO MAESTRO

En vuestros rostros veo fatiga, pero veo también esperanza. Sentíos amados por el Señor, y también por tantas personas buenas, con cuyas oraciones y obras ayudan a aliviar los sufrimientos del prójimo. Aquí sentimos de modo fuerte y concreto que somos todos hermanos. Aquí el único Padre es el Padre nuestro celestial, y el único Maestro es Jesucristo. Entonces lo primero que quería compartir con vosotros es precisamente esta alegría de tener a Jesús como Maestro, como modelo de vida. Miremos hacia él. Esto nos da mucha fuerza, mucha consolación en nuestras fragilidades, en nuestras miserias y en nuestras dificultades. Todos nosotros tenemos dificultades, todos. Todos nosotros que estamos aquí tenemos dificultades. Todos nosotros que estamos aquí—todos—tenemos miserias y todos nosotros que estamos aquí tenemos fragilidades. Nadie aquí es mejor que el otro. Todos somos iguales ante el Padre, todos.

JESUS IS OUR TEACHER

I see exhaustion in your faces but I also see hope. Feel loved by the Lord and also by many good people who aid and alleviate their neighbor's suffering with their prayers and action. I feel at home here. I feel in a strong and tangible way that we are all brothers and sisters. Here, the only Father is our heavenly Father and the only Teacher is Jesus Christ. Now the first thing that I wanted to share with you is precisely the joy of having Jesus as Teacher and as a model for our lives. Let us look to him! This gives us so much strength and consolation in our weaknesses, in our misery, and in our difficulties. We all have difficulties, all of us. All of us here have difficulties. All of us here—all of us—have miseries, and all of us here have weaknesses. No one here is better than another. We are all equal before the Father, all of us!

EL SEGUIMIENTO DE JESÚS ENTRE REJAS

Entonces yo quiero ante todo dar las gracias al Señor por vuestro empeño en seguirle, también en la fatiga, en el sufrimiento, entre los muros de una cárcel. Sigamos teniendo confianza en él, dará a vuestro corazón esperanza y alegría. Esto es muy importante. No podemos seguir a Jesús por el camino de la caridad si no nos queremos antes que nada entre nosotros, si no nos esforzamos en colaborar, en comprendernos recíprocamente y en perdonarnos, reconociendo cada uno sus propias limitaciones y sus propios errores. Debemos hacer las obras de misericordia, pero con misericordia. Con el corazón ahí. Las obras de caridad con caridad, con ternura, y siempre con humildad. Y mirando a Jesús nosotros vemos que él ha elegido el camino de la humildad y del servicio. Jesús no fue indeciso, no fue un indiferente: hizo una elección y la llevó adelante hasta el fondo. Eligió hacerse hombre, y como hombre hacerse siervo, hasta la muerte de cruz. Este es el camino del amor: no hay otro.

FOLLOWING JESUS BEHIND PRISON WALLS

Now I want first of all to thank the Lord for your commitment to following him, and for your effort and suffering within the prison walls. Let us continue to trust him, he will give your heart hope and joy! We cannot follow Jesus on the path of love unless we first love others, unless we force ourselves to work together, to understand each other, and to forgive each another, recognizing our own limits and mistakes. We must do works of mercy and with mercy! Putting our heart into them. Works of charity with love, with tenderness, and always with humility. Looking at Jesus, we see he chose the path of humility and service. Rather, he himself is this path. Jesus was not indecisive; he was not indifferent. He made a decision and followed it through until the end. He decided to become man and as a man to become a servant until his death on the cross. This is the way of love, there is no other.

LA CAPACIDAD DE DEJARNOS MIRAR POR DIOS QUE NOS AMA

Es más difícil dejarse mirar por Dios que mirar a Dios. Es más difícil dejarse encontrar por Dios que encontrar a Dios, porque en nosotros hay siempre una resistencia. Y él te espera, él nos mira, él nos busca siempre. Este Dios que nos ama, que es capaz de comprendernos, capaz de perdonar nuestros errores. El Señor es un maestro de reinserción: nos toma de la mano y nos vuelve a llevar a la comunidad social. El Señor siempre perdona, siempre acompaña, siempre comprende; a nosotros nos toca dejarnos comprender, dejarnos perdonar, y dejarnos acompañar. Deseo a cada uno de vosotros que este tiempo no sea un tiempo perdido, sino que sea un tiempo precioso, durante el cual podáis pedir y obtener de Dios esta gracia. Un pensamiento afectuoso quiero dirigir en este momento a vuestros familiares. Que el Señor os conceda volver a abrazarlos con serenidad y paz.

TO ALLOW OURSELVES TO BE LOOKED AT BY GOD, WHO LOVES US

It is more difficult to allow God to look at us than to look at God. It is more difficult to allow God to encounter us than to encounter God, because we always resist. He waits for us, he looks at us, he always seeks us. This God who loves us, who is capable of understanding us and forgiving our mistakes. The Lord is a master at reintegrating people. He takes us by the hand and brings us back to society and the community. The Lord always forgives, always accompanies, and always understands; it is up to us to allow ourselves to be understood, to be forgiven, and to be accompanied. I wish that for each of you this time may not be wasted but that it be a precious time, when you ask and obtain this grace from God. I would like to address a fond thought to your families in this moment. May the Lord grant you the opportunity to embrace them again in serenity and peace.

TODOS COMETEMOS ERRORES EN LA VIDA

Todos cometemos errores en la vida. Y todos debemos pedir perdón por estos errores y hacer un camino de reinserción, para no cometerlos más. Algunos hacen este camino en la propia casa, en el propio trabajo; otros, como vosotros, en un centro penitenciario. Pero todos, todos… Quien dice que no tiene necesidad de hacer un camino de reinserción es un mentiroso. Todos nos equivocamos en la vida y también, todos, somos pecadores. Y cuando vamos a pedir perdón al Señor de nuestros pecados, de nuestros errores, él nos perdona siempre, no se cansa nunca de perdonar. Nos dice: "Desanda este camino, porque no te hará bien ir por aquí". Y nos ayuda. Esta es la reinserción, el camino que todos debemos hacer.

ALL OF US MAKE MISTAKES IN LIFE

All of us make mistakes in life. And all of us must ask forgiveness for these mistakes and undertake the journey of reintegration, in order not to make any more. Some make this journey at home, in their own work; others, like you, in a penitentiary. But everyone, everyone.... Whoever says he does not need to make a journey of reintegration is a liar! All of us make mistakes in life and all of us, too, are sinners. And when we go to ask the Lord for forgiveness for our sins, for our mistakes, he always forgives us, he never tires of forgiving. He tells us, "Turn your back on this path, this is not the right one for you." And he helps us. And this is reintegration, the journey that we all have to make.

YO ESTOY EN LA MEMORIA DE DIOS

Lo importante es no estar inerte. Todos sabemos que cuando el agua se estanca se pudre. Hay un dicho en español que dice: "El agua estancada es la primera en corromperse". No permanecer estancados. Debemos caminar, dar un paso cada día, con la ayuda del Señor. Dios es Padre, es misericordia, nos ama siempre. Si nosotros lo buscamos, él nos acoge y nos perdona. Como dije, no se cansa de perdonar. Nos hace levantar de nuevo y nos restituye plenamente nuestra dignidad. Dios tiene memoria, no es un desmemoriado. Dios no se olvida de nosotros, se acuerda siempre. Hay un pasaje de la Biblia, del profeta Isaías, que dice: Si incluso una madre se olvidara de su hijo—y es imposible—yo no te olvidaré jamás (véase Isa 49:15). Y esto es verdad: Dios piensa en mí, Dios se acuerda de mí. Yo estoy en la memoria de Dios.

I AM IN GOD'S MEMORY

W hat is important is not to stand still. We all know that when water stands still it stagnates. There's a saying in Spanish that says, "Standing water is the first to go bad." Do not stand still. We all have to walk, to take a step every day, with the Lord's help. God is Father, he is Mercy, he always loves us. If we seek him, he welcomes us and forgives us. As I said, he never tires of forgiving. He makes us rise and fully restores our dignity. God has a memory, he is not forgetful. God does not forget us, he always remembers. There is a passage in the Bible, from the Prophet Isaiah, which says, Even should a mother forget her child—which is impossible—I will never forget you (see Isa 49:15). And this is true: God thinks about me, God remembers me. I am in God's memory. And with this trust, we can walk, day by day. And with this steadfast love that accompanies us, hope will not let us down. With this love, hope will never let us down: a steadfast love to go forward with the Lord.

ESPERANZA

Os invito a vivir cada día, cada momento en la presencia de Dios, a quien pertenece el futuro del mundo y del hombre. Esta es la esperanza cristiana: el futuro está en las manos de Dios. La historia tiene un sentido porque está habitada por la bondad de Dios.

A veces sucede que nos sentimos decepcionados, desanimados, abandonados por todos; pero Dios no se olvida de sus hijos, nunca los abandona. Él está siempre a nuestro lado, especialmente en el momento de la prueba; es un Padre "rico en misericordia" (Ef 2:4), que dirige siempre hacia nosotros su mirada serena y benévola, nos espera siempre con los brazos abiertos. Esta es una certeza que infunde consuelo y esperanza, especialmente en los momentos difíciles y tristes.

HOPE

I invite you to live each day, each moment in the presence of God, to whom the future of the world and humankind belongs. That is Christian hope: the future is in God's hands! History makes sense because it dwells in God's goodness.

At times, we may feel disappointed, discouraged, and abandoned by everyone, however God does not forget his children, he never abandons them! He is always at our side, especially at the hour of trial. He is a Father "rich in mercy" (Eph 2:4), who always turns his serene and benevolent gaze to us; he always waits for us with open arms. This is a certainty that instills consolation and hope, especially in difficult and painful moments.

JESÚS NOS AMA

Jesús nos amó. Jesús nos ama. Sin límites, siempre, hasta el extremo. El amor de Jesús por nosotros no tiene límites: cada vez más, cada vez más. No se cansa de amar. A ninguno. Nos ama a todos nosotros, hasta el punto de dar la vida por nosotros. Sí, dar la vida por nosotros; sí, dar la vida por todos nosotros, dar la vida por cada uno de nosotros. Y cada uno puede decir: "Dio la vida por mí". Por cada uno. Ha dado la vida por ti, por ti, por cada uno, con nombre y apellido. Su amor es así: personal. El amor de Jesús nunca defrauda, porque él no se cansa de amar, como no se cansa de perdonar, no se cansa de abrazarnos. Esta es la primera cosa que quería deciros: Jesús nos amó, a cada uno de nosotros, hasta el extremo.

JESUS LOVES US

J esus loved us. Jesus loves us. Without limit, always, to the end. Jesus's love for us knows no limits: always more and more. He never tires of loving anyone. He loves us all, to the point of giving his life for us. Yes, giving his life for us; yes, giving his life for all of us, giving his life for each one of us. And every one of us can say: "He gave his life for me." Everyone: He gave his life for you, for you, for each person, by first and last name. His love is like that: personal. Jesus's love never disappoints, because he never tires of loving, just as he never tires of forgiving, never tires of embracing us. This is the first thing that I wanted to say to you: Jesus loved us, every one of us, to the end.

ORACIÓN

Pedro y Pablo, discípulos de Jesús también estuvieron presos. También fueron privados de la libertad. En esa circunstancia, hubo algo que los sostuvo, algo que no los dejó caer en la desesperación, que no los dejó caer en la oscuridad que puede brotar del sin sentido. Y fue la oración. Fue orar. Oración personal y comunitaria. Ellos rezaron y por ellos rezaban. Dos movimientos, dos acciones que generan entre sí una red que sostiene la vida y la esperanza. Nos sostiene de la desesperanza y nos estimula a seguir caminando. Una red que va sosteniendo la vida, la de ustedes y la de sus familias. La oración de las madres, la oración de las esposas, la oración de los hijos, y la de ustedes: eso es una red, que va llevando adelante la vida.

PRAYER

Peter and Paul, disciples of Jesus, were also prisoners. They too lost their freedom. But there was something that sustained them, something that did not let them yield to despair, that did not let them sink into darkness and meaninglessness. That something was prayer; it was prayer. Prayer, both individually and with others. They prayed and they prayed for one another. These two forms of prayer became a network to maintain life and hope. And that network keeps us from yielding to despair. It encourages us to keep moving forward. It is a network that supports life, your own lives and those of your families. The prayers of mothers, the prayers of wives, the prayers of your sons and daughters, and your own prayers: this is a network of support that encourages you to move forward.

NADA PODRÁ JAMÁS SEPARARNOS DEL AMOR DE DIOS, ¡NI SIQUIERA LAS BARRAS DE UNA CÁRCEL!

Queridos hermanos, conozco vuestras situaciones dolorosas: me llegan muchas cartas—algunas verdaderamente conmovedoras—desde los centros penitenciarios de todo el mundo. Muy a menudo los reclusos son tenidos en condiciones indignas de la persona humana, y luego no logran reinsertarse en la sociedad. Incluso si en la vida nos hemos equivocado, el Señor no se cansa de indicarnos el camino del regreso y del encuentro con él. El amor de Jesús hacia cada uno de nosotros es fuente de consuelo y de esperanza. Es una certeza fundamental para nosotros: nada podrá jamás separarnos del amor de Dios, ¡ni siquiera las barras de una cárcel! Lo único que nos puede separar de él es nuestro pecado, pero si lo reconocemos y lo confesamos con arrepentimiento sincero, precisamente ese pecado se convierte en lugar de encuentro con él, porque él es misericordia.

NOTHING CAN EVER SEPARATE US FROM GOD'S LOVE, NOT EVEN PRISON BARS!

Dear brothers, I know of your painful situations; I receive many letters—some extremely moving—from prisons all over the world. Inmates are often held in conditions unworthy of the human condition, and then they are not able to reintegrate into society. Even if we have made mistakes in our life, the Lord never tires of showing us the path to return to and to encounter him. Jesus's love for each of us is the source of consolation and hope. It is a fundamental certainty for us. Nothing can ever separate us from God's love, not even prison bars! The only thing that can keep us from him is our sin, but if we recognize it and we confess it with sincere repentance, it will become a place to meet him, because he is mercy.

PERO JESÚS ES UN EMPECINADO

Él vino a mostrarnos, a hacer visible el amor que Dios tiene por nosotros. Por vos, por vos, por vos, por mí. Un amor activo y real. Un amor que tomó en serio la realidad de los suyos. Un amor que sana, perdona, levanta, cura. Un amor que se acerca y devuelve dignidad. Una dignidad que la podemos perder de muchas maneras y formas. Pero Jesús es un empecinado de esto: dio su vida por esto, para devolvernos la identidad perdida, para revestirnos con toda su fuerza de dignidad. Porque cuando Jesús entra en la vida, uno no queda detenido en su pasado sino que comienza a mirar el presente de otra manera, con otra esperanza. Uno comienza a mirar con otros ojos su propia persona, su propia realidad. No queda anclado en lo que sucedió, sino que es capaz de llorar y encontrar ahí la fuerza para volver a empezar.

JESUS IS STUBBORN

Jesus came to show the love that God has for us. For you, for each of you, and for me. It is a love that is powerful and real. It is a love that takes seriously the plight of those he loves. It is a love that heals, forgives, raises up, and shows concern. It is a love that draws near and restores dignity. We can lose this dignity in so many ways. But Jesus is stubborn: he gave his very life in order to restore the identity we had lost, to clothe us with the power of his dignity. When Jesus becomes part of our lives, we can no longer remain imprisoned by our past. Instead, we begin to look to the present, and we see it differently, with a different kind of hope. We begin to see ourselves and our lives in a different light. We are no longer stuck in the past, but capable of shedding tears and finding in them the strength to make a new start.

Y LLEVAR NUESTRAS LLAGAS A LAS LLAGAS DE JESÚS

Y si en algún momento estamos tristes, estamos mal, bajoneados, los invito a mirar el rostro de Jesús crucificado. En su mirada, todos podemos encontrar espacio. Todos podemos poner junto a él nuestras heridas, nuestros dolores, así como también nuestros errores, nuestros pecados, tantas cosas en las que nos podemos haber equivocado. En las llagas de Jesús encuentran lugar nuestras llagas, porque todos estamos llagados, de una u otra manera. Y llevar nuestras llagas a las llagas de Jesús. ¿Para qué? Para ser curadas, lavadas, transformadas, resucitadas. Él murió por vos, por mí, para darnos su mano y levantarnos. Charlen, charlen con los curas que vienen, charlen. Charlen con los hermanos y las hermanas que vienen, charlen. Charlen con todos los que vienen a hablarles de Jesús. Jesús quiere levantarlos siempre.

AND SO WE BRING OUR WOUNDS TO JESUS

If there are times when we experience sadness, when we're in a bad way, when we're depressed or have negative feelings, I ask you to look at Christ crucified. Look at his face; in his eyes there is a place for us. We can all bring to Christ our wounds, our pain, our mistakes, our sins, and all those things that perhaps we got wrong. In the wounds of Jesus, there is a place for our own wounds, because we are all wounded, in one way or another. And so we bring our wounds to the wounds of Jesus. Why? So that there they can be soothed, washed clean, changed, and healed. He died for us, for me, so that he could stretch out his hand and lift us up. Speak to the priests who come here, talk to them! Speak to the brothers and sisters who come, speak to them. Speak to everyone who comes here to talk to you about Jesus. Jesus wants to help you get up, always.

NO PERMITA QUE EL DIABLO JUGAR CONTIGO

Son muchos los elementos que juegan en su contra en este lugar—lo sé bien—y vos mencionaste algunos con mucha claridad, el hacinamiento, la lentitud de la justicia, la falta de terapias ocupacionales y de políticas de rehabilitación, la violencia, la carencia de facilidades de estudios universitarios, lo cual hace necesaria una rápida y eficaz alianza interinstitucional para encontrar respuestas. Sin embargo, mientras se lucha por eso, no podemos dar todo por perdido. Hay cosas que hoy podemos hacer. Aquí, en este centro de rehabilitación, la convivencia depende en parte de ustedes. El sufrimiento y la privación pueden volver nuestro corazón egoísta y dar lugar a enfrentamientos, pero también tenemos la capacidad de convertirlo en ocasión de auténtica fraternidad. Ayúdense entre ustedes. No tengan miedo a ayudarse entre ustedes. El diablo busca la pelea, busca la rivalidad, la división, los bandos. No le hagan el juego. Luchen por salir adelante unidos.

DON'T LET THE DEVIL PLAY WITH YOU

I know that there are many things here that make it hard, and you have spoken very clearly about some of them: overcrowding, delayed justice, a lack of training opportunities and rehabilitation policies, violence, the lack of adequate educational facilities. We should not think that everything is lost. There are things that we can do today. Here, in this rehabilitation center, the way you live together depends to some extent on yourselves. Suffering and deprivation can make us selfish of heart and lead to confrontation, but we also have the capacity to make these things an opportunity for genuine fraternity. Help one another. Do not be afraid to help one another. The devil wants quarrels, rivalry, division, gangs. Don't let him play with you. Keep working to make progress, together.

DE SEGUIR LUCHANDO CONTRA LA CORRUPCIÓN

Siento que no puedo terminar sin decir una palabra a los grandes ausentes, hoy, a los protagonistas ausentes: a los hombres y mujeres mafiosos. Por favor, cambiad de vida, convertíos, deteneos, dejad de hacer el mal. Y nosotros rezamos por vosotros. Convertíos, lo pido de rodillas; es por vuestro bien. Esta vida que vivís ahora, no os dará placer, no os dará alegría, no os dará felicidad. El poder, el dinero que vosotros ahora tenéis de tantos negocios sucios, de tantos crímenes mafiosos, es dinero ensangrentado, es poder ensangrentado, y no podréis llevarlo a la otra vida. Convertíos, aún hay tiempo, para no acabar en el infierno. Es lo que os espera si seguís por este camino. Habéis tenido un papá y una mamá: pensad en ellos. Llorad un poco y convertíos.

FIGHT AGAINST CORRUPTION

I feel that I cannot conclude without saying a word to the absent bosses today, to those absent but central figures: the men and women of the mafia. Please, change your lives, convert, stop, cease to do evil! We are praying for you. Convert, I ask it on my knees; it is for your own good. This life you are living now, it won't bring you pleasure, it won't give you joy, it won't bring you happiness. The power, the money, that you possess now from so many dirty transactions, from so many mafia crimes, is blood-stained money, it is power soaked in blood, and you cannot take it with you to the next life. Convert, there is still time, so that you don't end up in hell. That is what awaits you if you continue on this path. You had a father and a mother: think of them. Cry a little and convert.

VIVIR ES CAMINAR

Todos sabemos que vivir es caminar, vivir es andar por distintos caminos, distintos senderos que dejan su marca en nuestra vida. Y por la fe sabemos que Jesús nos busca, quiere sanar nuestras heridas, curar nuestros pies de las llagas de un andar cargado de soledad, limpiarnos del polvo que se fue impregnando por los caminos que cada uno tuvo que transitar. Jesús no nos pregunta por dónde anduvimos, no nos interroga qué estuvimos haciendo. Él viene a nuestro encuentro para calzarnos de nuevo con la dignidad de los hijos de Dios. Nos quiere ayudar a recomponer nuestro andar, reemprender nuestro caminar, recuperar nuestra esperanza, restituirnos en la fe y la confianza. Quiere que volvamos a los caminos, a la vida, sintiendo que tenemos una misión; que este tiempo de reclusión nunca ha sido y nunca será sinónimo de expulsión. Vivir supone "ensuciarse los pies" por los caminos polvorientos de la vida y de la historia. A todos nos busca el Señor para darnos su mano.

LIFE IS A JOURNEY

We all know that life is a journey, along different roads, different paths, which leave their mark on us. We also know in faith that Jesus seeks us out. He wants to heal our wounds, to soothe our feet that hurt from traveling alone, to wash each of us clean of the dust from our journey. He doesn't ask us where we have been, he doesn't question us about what we have done. Jesus comes to meet us so that he can restore our dignity as children of God. He wants to help us to set out again, to resume our journey, to recover our hope, to restore our faith and trust. He wants us to keep walking along the paths of life, to realize that we have a mission, and that confinement is never the same thing as exclusion. Life means "getting our feet dirty" from the dust-filled roads of life and history. The Lord goes in search of us; to all of us he stretches out a helping hand.

PAPA FRANCISCO ES TU HERMANO

Gracias por recibirme y darme la oportunidad de estar aquí con ustedes compartiendo este momento. Un momento difícil, cargado de tensiones. Un momento que sé que es doloroso no solo para ustedes, sino para sus familias y para toda la sociedad. Yo vine aquí como pastor, pero sobre todo como hermano, a compartir la situación de ustedes y hacerla también mía; he venido a que podamos rezar juntos y presentarle a nuestro Dios lo que nos duele y también lo que nos anima y recibir de él la fuerza de la resurrección. Y que Dios nuestro Padre mire nuestro corazón, y que Dios nuestro Padre, que nos quiere, nos dé su fuerza, su paciencia, su ternura de Padre, nos bendiga. En el nombre del Padre y del Hijo y del Espíritu Santo. Y no se olviden de rezar por mí. Gracias.

POPE FRANCIS IS YOUR BROTHER

Thank you for receiving me and giving me the opportunity to be here with you and to share this time in your lives. It is a difficult time, one full of struggles. I know it is a painful time not only for you, but also for your families and for all of society. I am here as a pastor, but above all as a brother, to share your situation and to make it my own. I have come so that we can pray together and offer our God everything that causes us pain, but also everything that gives us hope, so that we can receive from him the power of the resurrection. May God our Father look upon our hearts, may God our Father who loves us give us his strength, his patience, his fatherly tenderness, and may he bless us. In the name of the Father and of the Son and of the Holy Spirit. Please do not forget to pray for me. Thank you.